LOI DU 30 MARS 1928

SUR LE

STATUT DES SOUS-OFFICIERS

DE CARRIÈRE

PARIS

—

LIBRAIRIE MILITAIRE UNIVERSELLE L. FOURNIER
264, boulevard Saint-Germain, 264
1928

LOI DU 30 MARS 1928

SUR LE

STATUT DES SOUS-OFFICIERS

DE CARRIÈRE

PARIS

—

LIBRAIRIE MILITAIRE UNIVERSELLE L. FOURNIER

264, boulevard Saint-Germain 264

1928

LOI DU 30 MARS 1928

SUR LE

STATUT DES SOUS-OFFICIERS
DE CARRIÈRE

Paris, le 30 mars 1928.

Le Sénat et la Chambre des députés ont adopté,

Le Président de la République promulgue la loi dont la teneur suit :

TITRE PREMIER

ADMISSION ET RADIATION

ARTICLE PREMIER. — Le sous-officier de carrière est le sous-officier qui, ayant accompli :

Soit quatre années de service actif, dont deux ans dans le grade de sergent ou maréchal des logis ;

Soit cinq années de service actif, dont six mois dans le grade de sergent ou maréchal des logis ;

Soit six années de service actif,
demande et obtient d'être admis dans le corps des sous-officiers de carrière et de jouir du statut défini par la présente loi.

Après la prestation de serment, le gendarme qui compte quatre années de service militaire est sous-officier de carrière et bénéficie du statut déterminé par la présente loi.

ART. 2. — Pour être admis dans le corps des sous-officiers de carrière, le sous-officier lié par un contrat peut en faire la demande six mois avant qu'il remplisse les conditions visées à l'article premier ou lorsqu'il remplit ces conditions ; cette demande ne peut être établie que pour continuer à servir dans l'arme où sert le sous-officier candidat. Elle peut être établie, soit pour le corps où sert celui-ci, soit pour un autre corps de la même arme.

La demande accompagnée de l'avis du conseil de régiment du corps dans lequel désire servir le candidat et de l'avis des chefs hiérarchiques est transmise au ministre de la Guerre, qui prononce, compte tenu des effectifs fixés dans les différentes unités par la loi des cadres.

Les sous-officiers dont la demande est acceptée sont admis dans le corps des sous-officiers de carrière dès qu'ils remplissent les conditions indiquées à l'article premier. La notification de cette admission constitue pour le sous-officier de carrière son titre de possession d'état.

Les sous-officiers qui n'ont pas demandé leur admission et ceux dont la demande est refusée sont rendus à la vie civile à l'expiration du contrat qui les liait au service.

Les sous-officiers qui, rendus à la vie civile après avoir accompli quatre années de service, demanderaient, dans les trois années qui suivent leur libération, à être admis dans le corps des sous-officiers de carrière, pourront recevoir satisfaction si leur demande est établie au titre de leur ancien corps. S'ils désirent servir dans un autre corps de la même arme, ils devront contracter un rengagement spécial d'une année au terme duquel ils pourront obtenir, dans les conditions susvisées, leur admission. Ce rengagement spécial ne donne droit à aucune prime.

ART. 3. — L'ensemble des garanties et avantages définis par la présente loi constitue l'état du sous-officier de carrière. Cet état ne peut être perdu que pour l'une des causes ci-après :

1° Démission acceptée par le ministre de la Guerre, celui-ci restant libre de ne l'accepter que lorsqu'il le juge opportun ;

2° Perte de la qualité de Français ;

3° Condamnation à une peine criminelle ou à une peine correctonnelle d'emprisonnement pour délits prévus par la section I et les articles 402, 403, 405, 406, 407 du chapitre II du titre II du livre III du Code pénal ; ..

4° Destitution à la suite d'un jugement d'un Conseil de guerre pour l'une des infractions prévues au Code de justice militaire.

Le sous-officier de carrière privé de son état est rendu à la vie civile et classé dans les réserves comme soldat. Le sous-officier de carrière ayant donné sa démission peut être nommé sous-officier de réserve.

ART. 4. — En principe, le sous-officier de carrière continue à servir, même en changeant de grade, dans le corps qui l'a accepté comme sous-officier de carrière. Il peut, cependant, obtenir du ministre son changement de corps ou d'arme, soit par permutation, soit pour convenances personnelles. Le ministre a le droit de prononcer d'office le changement de corps ou d'arme d'un sous-officier de carrière.

TITRE II

POSITIONS.

ART. 5. — Les positions du sous-officier de carrière sont:

L'activité ;

La non-activité ;

La réforme ;

La retraite:

ART. 6. — L'activité est la position du sous-officier de carrière appartenant aux cadres constitutifs de l'armée et pourvu d'un emploi de son grade ou appartenant à un service spécial ou à une mission.

ART. 7. — La non-activité est la position du sous-officier de carrière sans emploi.

Elle peut être prononcée :

Pour infirmités temporaires ;

Par mesure de discipline.

La non-activité pour infirmités temporaires est prononcée pour une année par le ministre de la Guerre statuant sur la proposition d'une commission de réforme ; elle peut être renouvelée jusqu'à une durée totale de trois années. A l'expiration de la troisième année, l'intéressé est renvoyé d'office devant une commission de réforme qui le propose pour le rappel à l'activité, la réforme ou la retraite.

La non-activité par mesure de discipline est prononcée par le ministre de la Guerre qui en fixe la durée. Elle peut être prononcée plusieurs fois à l'égard du même sous-officier.

Le temps passé dans la position de non-activité n'est compté comme service effectif que pour la réforme et pour la retraite.

ART. 8. — La réforme est la position du sous-officier de carrière qui, n'ayant pas acquis les droits à une pension proportionnelle, n'est plus susceptible d'être rappelé à l'activité.

La réforme peut être prononcée :

Pour infirmités incurables ou prolongées.

Par mesure de discipline.

La réforme pour infirmités incurables et la réforme des sous-officiers comptant trois années de non-activité pour infirmités temporaires sont prononcées par le ministre, statuant sur la proposition d'une commission de réforme.

La réforme par mesure de discipline est prononcée par le ministre après avis d'un conseil d'enquête pour l'un des motifs ci-après :

Inconduite habituelle ;

Faute grave dans le service ou contre la discipline ;

Faute contre l'honneur ;

Faute quelconque commise par un sous-officier comptant déjà trois périodes de non-activité par mesure de discipline.

La réforme par mesure de discipline ne soustrait pas celui qui en est l'objet aux obligations de la loi sur le recrutement.

ART. 9. — La composition et le fonctionnement des conseils d'enquête sont fixés par un règlement d'administration publique. Ces conseils doivent obligatoirement comprendre un sous-officier de carrière.

Les avis du conseil d'enquête ne peuvent être modifiés qu'en faveur du sous-officier objet de l'enquête.

Art. 10. — La retraite est la position définitive du sous-officier de carrière rendu à la vie civile et admis à la jouissance d'une pension d'ancienneté ou d'une pension proportionnelle.

Elle peut être demandée par l'intéressé dès qu'il a acquis des droits à une pension proportionnelle.

Les sous-officiers de carrière sont rayés des cadres et placés dans la position de retraite :

A 37 ans pour les sergents ;

A 40 ans pour les sergents-chefs ;

A 43 ans pour les adjudants ;

Et à 45 ans pour les adjudants-chefs.

Toutefois, la radiation des cadres peut être prononcée d'office par le ministre, sur avis conforme d'un conseil d'enquête, dès qu'un sous-officier peut prétendre à pension proportionnelle même s'il n'a pas atteint les limites d'âge fixées ci-dessus.

Les sous-officiers de carrière occupant certains emplois déterminés par le ministre de la Guerre peuvent être maintenus en service jusqu'à :

55 ans pour les sergents et sergents-chefs ;

60 ans pour les adjudants et les adjudants-chefs.

Mais, la radiation des cadres peut être prononcée d'office sur avis des chefs hiérarchiques, par le ministre, à l'égard d'un sous-officier visé au précédent alinéa, si ce sous-officier possède des droits à pension d'ancienneté.

Les gendarmes, quel que soit leur grade, peuvent être maintenus en service jusqu'à 55 ans.

La mise à la retraite peut, en outre, être prononcée pour infirmités graves ou incurables, d'office ou sur demande des intéressés, dans les conditions fixées par les lois du 11 avril 1831 (articles 12 à 14), du 30 avril 1920 (article 1er) et du 14 avril 1924 (article 47).

Les sous-officiers de carrière retraités passent dans la réserve avec leur grade. Ceux qui ont accompli quinze ans de services actifs font partie, du jour de leur libération et pendant cinq ans, de la première réserve ; ils achèvent ensuite dans la deuxième réserve la durée légale de leurs obligations militaires.

Les sous-officiers ayant servi au delà de quinze ans et titulaires d'une pension proportionnelle, ainsi que ceux titulaires d'une pension de retraite, sont astreints, dans les réserves, aux obligations de la classe à laquelle ils appartiennent.

ART. 11. — Dans tous les cas prévus aux articles précédents, le ministre peut déléguer son pouvoir de décision aux généraux commandant les régions, dans des conditions à déterminer par décret.

TITRE III

SOLDE ET PÉCULE.

ART. 12. — Les tarifs de la solde d'activité des sous-officiers de carrière sont fixés par décret.

Le sous-officier de carrière en non-activité pour infirmités temporaires perçoit une solde égale aux trois cinquièmes de la solde d'activité qu'il percevait au moment de sa mise en non-activité ; cette solde est réduite aux deux cinquièmes de la solde d'activité lorsque la non-activité est prononcée par mesure de discipline ; elle est exclusive, dans les deux cas, de toutes indemnités et accessoires de solde à l'exception des indemnités pour charges de famille.

ART. 13. — Les sous-officiers de carrière réformés pour infirmités imputables au service peuvent opter :

Soit pour la pension composée prévue à l'article 59 de la loi du 31 mars 1919, quand l'invalidité résulte d'un service de guerre ;

Soit pour la perception d'une solde de réforme égale au montant de la pension proportionnelle du grade, pendant une durée égale à celle des services effectifs, à laquelle viendra s'ajouter la pension d'invalidité au taux de soldat de la loi du 31 mars 1919 lorsque l'invalidité résultera d'un service de guerre ;

Soit pour la pension d'invalidité au taux du grade de la loi du 31 mars 1919, cette pension restant acquise en tout état de cause lorsque cesse le droit à la solde de réforme.

ART. 14. — Les sous-officiers de carrière, à l'exception, toutefois, de ceux qui auront perdu le bénéfice de leur état pour les causes indiquées aux paragraphes 2°, 3° et 4° de l'article 3, remplissant les conditions requises pour bénéficier du pécule prévu à l'article 80 de la loi du 1er avril 1923, modifié par l'article 6 de la loi du 16 juillet 1927, recevront obligatoirement le pécule.

Ceux d'entre eux qui seront réformés pour infirmités non imputables au service ou par mesure de discipline pourront opter entre le pécule visé ci-dessus et une solde de réforme égale au montant de la pension proportionnelle du grade et perçue pendant une durée égale à celle des services effectifs.

TITRE IV

ART. 15. — La hiérarchie des sous-officiers comprend les grades ci-après :

Sergent ;

Sergent-chef ;

Adjudant ;

Adjudant-chef.

Dans les armes montées et dans les subdivisions d'armes où les appellations sont les mêmes que dans les armes montées, les appellations de maréchal des logis, maréchal des logis chef, remplaceront respectivement celles de sergent et de sergent-chef.

La hiérarchie des militaires non officiers de la gendarmerie comprend les grades ci-après, comportant correspondance de rang avec les grades des sous-officiers dans les autres armes :

Gendarme (ou garde) correspondant au maréchal des logis ;

Maréchal des logis chef :

Adjudant :

Adjudant-chef.

Les grades de médecin, pharmacien, dentiste, vétérinaire auxiliaires correspondent au grade d'adjudant. Il en est de même du grade d'interprète stagiaire. Celui de sous-chef de musique correspond au grade d'adjudant ou d'adjudant-chef, suivant la proportion fixée par la loi des cadres et effectifs.

ART. 16. — L'avancement a lieu pour les deux tiers au choix, pour un tiers à l'ancienneté pour le grade de sergent-chef.

L'avancement a lieu pour les trois quarts au choix et pour un quart à l'ancienneté pour le grade d'adjudant.

L'avancement au grade d'adjudant-chef a lieu exclusivement au choix.

ART. 17. — L'avancement a lieu soit par corps de troupe, soit par région, soit sur l'ensemble de l'arme ou du service, dans des conditions qui seront fixées par décret.

ART. 18. — Nul ne peut être nommé sergent-chef ou maréchal des logis chef, s'il ne compte pas au moins deux ans de services comme sergent ou maréchal des logis, moins deux ans de services comme sergent-chef ou maréchal des logis chef.

Nul ne peut être nommé adjudant-chef s'il ne compte au moins deux ans de services comme adjudant.

En temps de guerre ou à l'occasion d'opérations de guerre hors d'Europe, les conditions d'ancienneté prévues ci-dessus pour le passage d'un grade à un autre sont abrogées.

ART. 19. — Les conditions d'ancienneté de grade requises pour l'avancement dans la gendarmerie sont les mêmes que celles définies à l'article 18 ci-dessus.

Les militaires candidats au grade de gendarme (ou de garde) sont élèves gendarmes, titre qui, au point de vue des prérogatives, ne correspond à aucun grade de la hiérarchie militaire, et en particulier, ne confère pas le titre et le statut de sous-officier de carrière.

L'élève gendarme peut être nommé gendarme si, âgé d'au moins 21 ans révolus, et comptant au moins six mois de service dans la gendarmerie, il remplit par ailleurs les conditions d'aptitude professionnelle fixées par décret.

La promotion des gendarmes aux différents grades de leur hiérarchie n'a lieu qu'au choix.

TITRE V

EMPLOIS RÉSERVÉS.

ART. 20. — Tout sous-officier de carrière, après avoir accompli dix années de service et jusqu'à l'âge de 40 ans, peut obtenir un des emplois réservés spécifiés par la loi du 18 juillet 1924, dans les conditions déterminées par cette loi.

ART. 21. — Le sous-officier de carrière classé pour un emploi et attendant une vacance de son choix peut demeurer à son corps jusqu'à ce qu'il ait obtenu l'emploi, sans pourtant pouvoir rester dans cette situation au delà de l'âge de 40 ans et sans que le maintien au corps après la date du classement puisse excéder trois ans.

Entre la date du classement et celle de la radiation des contrôles, le sous-officier de carrière sert en surnombre et ne peut, dans cette situation, recevoir d'avancement au choix.

TITRE VI

DISPOSITIONS PARTICULIÈRES ET DISPOSITIONS TRANSITOIRES.

ART. 22. — Les dispositions de la présente loi sont applicables aux sous-officiers employés militaires (ouvriers d'état, gardiens de batterie, adjudants d'administration et armuriers) ; mais, les dispositions du titre IV relatives à l'avancement à l'ancienneté ne leur sont pas applicables ; ils ne peuvent être promus qu'au choix et seulement si leur emploi comporte plusieurs grades de sous-officiers.

ART. 23. — Les sous-officiers des troupes coloniales, quel que soit le corps pour lequel a été établie leur demande d'admission au nombre des sous-officiers de carrière, servent au titre du service général des troupes coloniales et restent astreints à participer au service colonial. A cet égard, leurs obligations sont, conformément à l'article 12 de la loi du 7 juillet 1900, fixées par décret rendu sur le rapport des ministres de la Guerre et des Colonies. Toutefois, les sous-officiers ayant dix ans de service effectif dont cinq ans aux colonies. peuvent être autorisés à continuer leurs services dans les troupes métropolitaines.

Ceux qui ne remplissent pas ces conditions pourront passer dans les troupes métropolitaines. à la condition de présenter un permutant soumis à l'agrément du ministre de la Guerre ou de son délégué.

Art. 24. — Les militaires de la gendarmerie remplissant les conditions fixées à l'article premier, et les sous-officiers servant en qualité de commissionnés seront, dès la promulgation de la présente loi. admis d'office dans le corps des sous-officiers de carrière. Ceux des sous-officiers commissionnés qui auraient alors atteint ou dépassé l'âge-limite-indiqué à l'article 10. seront autorisés à rester au service jusqu'à vingt-cinq ans de services.

Les sous-officiers autres que les commissionnés remplissant les conditions fixées à l'article premier de la présente loi pourront, dans les trois mois qui suivront la promulgation de la loi, demander leur admission dans le corps des sous-officiers de carrière. Leur contrat se trouvera annulé du fait de leur admission. Ceux qui n'obtiendront pas leur admission dans ce corps seront rayés des cadres à l'expiration de leur contrat.

Les sous-officiers rengagés n'ayant pas demandé, dans le délai fixé, à être admis dans le corps des sous-officiers de carrière, continueront à servir sous le régime du contrat qui les liait ; ils pourront demander leur admission dans le corps des sous-officiers de carrière au cours du semestre qui précède la fin de leur contrat.

Art. 25. — Jusqu'au 1er janvier 1931. il peut être dérogé aux conditions de l'article 18 concernant le minimum de temps à passer dans un grade pour être promu au grade supérieur.

La présente loi, délibérée et adoptée par le Sénat et par la Chambre des députés, sera exécutée comme loi de l'Etat.

Fait à Paris, le 30 mars 1928.

Gaston DOUMERGUE.

Par le Président de la République :

Le Président du Conseil, ministre des Finances,

R. POINCARÉ.

Le ministre de la Guerre,

Paul PAINLEVÉ.

INSTRUCTION CONCERNANT

L'APPLICATION DE LA LOI DU 30 MARS 1928

SUR LE STATUT DES SOUS-OFFICIERS DE CARRIERE (1)

N° 3962 1/11

Paris, le 24 avril 1928.

La présente instruction a pour objet de déterminer les conditions générales d'application des dispositions de la loi du 30 mars 1928.

A cet effet les divers articles de cette loi seront commentés ci-après.

Toute difficulté d'interprétation devra être signalée sous le présent timbre.

Les réponses aux questions posées feront l'objet de feuilles de renseignements.

Remarques préliminaires :

1° Pour simplifier, l'instruction ne mentionne que des caporaux et sergents ; il demeure entendu que, dans les armes où sont en usage les appellations de brigadier et maréchal-des-logis, celles-ci doivent être substituées à celles-là.

2° De même partout où il est question de régiment ou de chef de corps, il doit être substitué l'indication de l'unité ou de la formation de service d'une part, celle du chef de service d'autre part, si l'intéressé n'appartient pas à un régiment ou à une arme.

3° La présente instruction ne concerne que les sous-officiers français et servant à titre français. La loi sur le statut ne concerne, en effet, ni les sous officiers indigènes nord-africains ou coloniaux, ni les sous-officiers étrangers, ni les sous-officiers français servant à titre étranger.

---

(1) Mise à jour par l'incorporation dans le texte des modifications qui y ont été apportées par les feuilles de renseignements du 8 juin 1928 (B. O., p. 2122 et du 3 octobre 1928, B. O., p. 3239).

ARTICLE PREMIER. — Cet article fixe les conditions à remplir pour pouvoir demander et obtenir l'admission dans le corps des S.O.C.

Lorsqu'un sous-officier termine sa quatrième année de service, il peut être dans l'une des trois situations suivantes :

1° Il compte plus de deux années de grade de sergent ; dans ce cas il peut être admis dans le corps des S.O.C. dès qu'il termine sa quatrième année de service.

2° Il compte plus d'un an, mais moins de deux années de grade de sergent ; il pourra être admis dans le corps des S.O.C. dès que, au cours de sa cinquième année de service, il terminera sa deuxième année de grade.

3° Il compte moins d'un an de grade de sergent ; il ne pourra être admis dans le corps des S.O.C. qu'au terme de sa cinquième année de service.

Les militaires qui terminent comme caporaux (ou caporaux-chefs) leur quatrième année de service peuvent être admis dans le corps des S.O.C. au terme de leur cinquième année de service s'ils sont nommés sergents au cours du premier semestre de cette cinquième année.

Les caporaux (ou caporaux-chefs) qui ne sont nommés sergents que lorsqu'ils ont plus de quatre années et demie et moins de six années de services ne peuvent être admis dans le corps des S.O.C. qu'au terme de leur sixième mois de grade. Comme, aux termes de la loi de recrutement, les sous-officiers ne peuvent contracter de rengagement après cinq ans de service, il sera nécessaire de faire contracter aux caporaux (ou caporaux-chefs) se trouvant dans la situation susvisée, un rengagement portant à six années la durée de leurs services, avant de les nommer au grade de sergent.

Quant aux caporaux-chefs (ou caporaux) comptant plus de six années de services, ils pourront être admis dans le corps des S.O.C. dès leur promotion au grade de sergent.

Les sous-officiers indigènes ou étrangers, devenus Français par naturalisation ne pourront faire état, pour l'admission dans le corps des sous-officiers de carrière que des services accomplis depuis leur naturalisation. Les sous-officiers en position de réforme temporaire ne peuvent pas être admis dans le corps des sous-officiers de carrière pendant le temps où il se trouvent dans cette position.

ART. 2. — Seuls peuvent adresser une demande d'admission dans le corps des S.O.C., dans le semestre qui précède le moment où ils remplissent les conditions pour pouvoir y être admis, les sous-officiers qui :

1° Comptent au moins trois ans et demi de services et compteront deux années de grade avant la fin de leur quatrième année.

2° Comptent au moins quatre ans et demi de services et peuvent donc être nommés au terme de leur cinquième année.

3° Comptent au moins cinq ans et demi de services et peuvent donc être nommés au terme de leur sixième année.

Dans tous les autres cas l'admission ne peut être demandée que lorsque l'intéressé se trouve dans les conditions pour l'obtenir.

Les demandes sont adressées au chef de corps pour les sous-officiers détachés ; elles sont transmises au chef de corps par l'officier qui emploie ces sous-officiers et qui joint son avis personnel à la demande.

Le dossier comprenant : la demande, l'état des services, un relevé des punitions et l'avis du conseil de régiment est transmis, par la voie hiérarchique, au ministre (direction d'arme) sauf toutefois si, par application de l'article 11, le général commandant la région a, par délégation, le droit de prononcer l'admission ; en tout cas les dossiers comprenant un avis défavorable doivent être transmis au ministre pour décision.

La décision du ministre (ou du général commandant la région, délégué) est adressée au chef de corps qui, si elle est favorable, porte cette décision à la connaissance du corps de troupe par un « ordre du régiment » inscrit au registre spécial ; un extrait de l'ordre qui le concerne, certifié conforme par le chef de corps, est remis au sous-officier auquel ce document tient lieu de titre de possession de l'état des S.O.C.

L'admission peut être prononcée un mois avant le moment où le sous-officier remplit les conditions indiquées à l'article premier, mais dans ce cas l'ordre du régiment et l'extrait de cet ordre spécifient que l'admission est prononcée pour prendre effet à la date où l'intéressé remplira les conditions légales.

Le libellé de la décision comportant admission sera le suivant : « le ministre de la Guerre a décidé que le sergent X serait admis dans le corps des sous-officiers de carrière à la date du   et jouirait, à partir de cette date, du statut faisant l'objet de la loi du 30 mars 1928. »

Le refus d'admission est notifié par écrit et sous pli personnel à l'intéressé ; le sous-officier auquel l'admission est refusée continue à servir au titre du contrat en cours, mais ce contrat ne peut être renouvelé.

Les sous-officiers libérés depuis moins de trois ans peuvent demander à être admis dans le corps des S.O.C. Si cette demande est établie au titre de leur ancien corps, ils peuvent être aussitôt admis s'ils remplissent les conditions de l'article premier, c'est-à-dire s'ils comptent soit quatre années de services dont deux années de grade, soit cinq années de services, dont six mois de grade.

Les sous-officiers libérés après au moins quatre années de services peuvent demander à être admis dans le corps des S.O.C. au titre d'un corps de leur arme autre que leur corps d'origine ; dans ce cas, ils doivent d'abord être autorisés, par le conseil de régiment du corps de leur choix, à contracter un rengagement non renouvelable d'un an, au terme duquel ils peuvent demander et obtenir leur admission dans le corps des S.O.C.

Ce rengagement spécial d'un an n'ouvre droit à prime que pour les sous-officiers comptant moins de cinq années de services (dix ans dans les troupes coloniales et certaines troupes métropolitaines).

Les sous-officiers qui, comptant au moins quatre années de service, ne peuvent être admis dans le corps des S.O.C., au titre du corps où ils servent, en raison de la situation de l'encadrement de ce corps, peuvent demander et obtenir, dans les six mois qui précèdent la fin de leur contrat, leur admission dans le corps des S.O.C. au titre d'une autre

unité de leur arme. Les dispositions spéciales aux sous-officiers libérées ne leur sont pas appliquées, s'il n'y a pas
interruption de services.

L'admission dans le corps des S.O.C. ne modifie point
le grade et l'ancienneté dans le grade.

Les généraux commandant les régions adresseront au
ministre (Direction d'arme ou de service) le premier jour
de chaque trimestre, la liste nominative, par corps de
troupe, des sous-officiers admis, au cours du trimestre
échu, dans le corps des sous-officiers de carrière. Ces listes,
fusionnées, seront insérées par les soins de l'Administration centrale, au *Journal Officiel* de la République Française.

Le refus d'admission opposé par un corps à un sous-officier de ce corps ne met pas obstacle à une ou plusieurs
demandes d'admission au titre d'autres corps, faites, soit
avant, soit après libération. Il ne doit être fait aucune mention des refus d'admission sur les états de notes ou pièces
matricules des sous-officiers intéressés.

ART. 3. — L'état et le titre de sous-officier de carrière
sont la propriété de celui qui a été admis dans le corps
des S.O.C. Cette propriété n'est pas retirée au sous-officier
mis en non-activité ou en réforme ou retraité. Elle ne peut
être perdue que :

1° Du fait de l'intéressé si celui-ci donne sa démission.
La démission peut être offerte par l'intéressé à tout moment
et quelque court que soit le délai écoulé depuis son admission. Mais le ministre n'est pas obligé d'accepter la
démission ; il peut en différer l'acceptation si l'intérêt de
la discipline ou les nécessités du service l'exigent ; en particulier la démission n'est pas recevable en cas de menace
de guerre.

2° Du fait de la perte de la nationalité française, dans
les cas prévus par la loi ou du fait d'une des condamna-
tions visées au paragraphe 3° de l'article 3 de la loi du
30 mars 1928.

3° Par un jugement d'un tribunal militaire ayant prononcé la destitution. La loi du 9 mars 1928 portant révision
du code de justice militaire n'envisage la destitution que
pour les officiers ; mais cette peine sera appliquée aux

sous-officiers de carrière, lorsqu'auront été votées les modifications nécessaires à la loi susvisée.

Le sous-officier qui a perdu son état n'est pas, de ce fait, dégagé d'obligations militaires. Il est classé dans les réserves comme soldat et suit le sort de sa classe. Cependant le sous-officier de carrière démissionnaire peut, sur demande, obtenir de conserver son grade dans les réserves.

Les sous-officiers admis dans le corps des sous-officiers de carrière au titre du service armé ne peuvent pas être classés dans le service auxiliaire. Ceux dont l'état de santé n'est plus compatible avec le service de leur arme doivent être : soit changés d'arme, soit placés en non-activité pour infirmités temporaires. soit réformés pour infirmités incurables ou prolongées.

ART. 4. — Le sous-officier de carrière reste, en principe, dans le corps qui l'a admis ; il peut cependant être changé de corps ou d'arme, soit sur sa demande, soit d'office.

Le changement volontaire de corps ou d'arme peut avoir lieu par permutation : rien n'est changé à cet égard aux règles en vigueur. Il peut aussi avoir lieu sans permutation, pour convenances personnelles, si le nouveau chef de corps accepte de recevoir le sous-officier.

En cas de permutation. ou de changement de corps pour convenances personnelles. le nouveau chef de corps peut accepter le sous-officier avec son grade et son ancienneté ou lui imposer comme condition une perte d'ancienneté le plaçant à la suite des sous-officiers du même grade du nouveau corps.

Les gendarmes ne peuvent obtenir leur passage dans une autre arme que s'ils avaient acquis dans cette arme un grade de sous-officier avant d'être admis dans la gendarmerie.

Le changement d'office de corps peut être ordonné par le ministre :

1° En cas de suppression du corps où servait le sous-officier ;

2° En cas de réduction des effectifs du corps ou servait le sous-officier ;

3° Au cas où la création de nouveaux corps de l'arme.

ou le renforcement des effectifs des corps déjà existants, nécessiterait des prélèvements sur les autres corps de la même arme ;

4° Pour combler les vacances des corps opérant sur les théâtres d'opérations extérieurs ;

5° A l'occasion d'une promotion ;

6° Comme conséquence d'une punition grave à la suite de laquelle le maintien de l'intéressé à son corps serait jugé dommageable pour la discipline.

Le changement d'office d'arme peut être ordonné par le ministre :

1° En cas de réduction importante des effectifs de l'arme où servait le sous-officier ;

2° Au cas où la création d'une arme ou subdivision d'arme nécessiterait des prélèvements sur les cadres des autres armes ;

3° Si le sous-officier a perdu les aptitudes spéciales à son arme tout en restant apte à un service ou à une autre arme.

Dans aucun cas le changement de corps ou d'arme prononcé d'office ne fait perdre à l'intéressé ni son grade ni son ancienneté de grade.

Art. 5. — Les positions définies par cet article sont celles énumérées par la loi de 1834 sur l'état des officiers.

Art. 6. — La position d'activité peut admettre, en dehors de la situation de présence, la situation d'absence et la situation hors cadres (missions et services spéciaux).

Art. 7. — 1° *Classement dans la position de non-activité.*
A. Pour infirmités temporaires.
Seront proposés pour la mise en non-activité pour infirmités temporaires les sous-officiers de carrière de l'armée métropolitaine et coloniale qui, ayant été indisponibles pour raisons de santé, pendant au moins quatre mois consécutifs, ne sont pas, au terme de ce délai, en état de servir activement ; il en sera de même pour les sous-officiers de carrière des troupes coloniales qui ne peuvent pas suivre leur tour de départ colonial après avoir été distraits de la liste de départ pendant quatre périodes consécutives de trois mois.

Peuvent également être proposés pour la non-activité, lorsque l'intérêt du service l'exige, les sous-officiers de l'armée métropolitaine et coloniale signalés comme étant atteints d'infirmités ou de maladies susceptibles de les mettre plus de six mois hors d'état de faire leur service, alors même que ces sous-officiers n'auraient pas été en congé ou à l'hôpital pendant quatre mois.

La demande de mise en non-activité pour infirmités temporaires est établie par le chef de corps. Elle doit faire ressortir d'une manière détaillée le temps passé soit en congé de convalescence, soit à l'hôpital, soit à la chambre. Lorsque la proposition visera un sous-officier atteint d'une maladie ou d'une infirmité devant le mettre pendant plus de six mois hors d'état de servir, la demande formulée devra être accompagnée d'un certificat médical attestant que l'intéressé est atteint d'une maladie ou d'une infirmité nécessitant plus de six mois de traitement. Cette demande, à laquelle doit être joint l'état signalétique et des services du sous-officier est adressée par la voie hiérarchique au général commandant la région qui prescrit l'envoi du sous-officier devant une commission de réforme.

Le procès-verbal, établi à la suite de l'examen du sous-officier par la commission de réforme devra faire ressortir la nature des infirmités, si elles sont ou non incurables, l'époque probable de la guérison dans le cas où il sera possible de l'indiquer et, dans le cas contraire, si un congé de moins de six mois paraît suffisant pour l'obtenir.

Le dossier est ensuite transmis par le général commandant la région au ministre (direction d'arme) qui statue.

B. Par mesure de discipline.

Sont proposés pour la non-activité par mesure de discipline les sous-officiers de carrière qui, pour inconduite, faute dans le service. ou incapacité, ne peuvent être maintenus en activité.

La demande de mise en non-activité est établie par le chef de corps, soit qu'il apprécie que la mesure est nécessaire, soit qu'il ait reçu de ses chefs hiérarchiques l'ordre de l'établir ; elle doit exposer d'une manière détaillée les raisons justifiant la mesure proposée. Cette demande, à laquelle est joint un relevé des punitions et l'état signalélique et des services du sous-officier de carrière proposé pour la non-activité, doit être communiquée à l'intéressé, qui remet à son chef de corps une déclaration écrite, accompagnée s'il y a lieu de ses observations, dans laquelle il reconnaît avoir reçu communication du dossier.

Celui-ci est ensuite transmis par la voie hiérarchique au ministre (direction d'arme) qui statue.

La mise en non-activité par mesure de discipline peut être prononcée pour une durée comprise entre trois et six mois.

2° Début et fin de la période de non-activité.

L'interruption de service des sous-officiers placés en non-activité commence le jour de la notification à l'intéressé de la décision ministérielle ayant prononcé la mise en non-activité et se termine à l'expiration du délai pour lequel avait été prononcée la mise en non-activité, à moins qu'une décision bienveillante ne soit intervenue dans l'intervalle.

A l'expiration de la période de non-activité, les sous-officiers sont en principe réaffectés à leur corps d'origine à moins que l'intérêt de la discipline n'exige un changement de corps d'office.

S'il n'exige pas de vacance de leur grade dans leur corps d'affectation au moment de leur reclassement dans la position d'activité, ils comptent en surnombre à l'effectif de leur corps jusqu'à ce que s'ouvre une vacance de leur grade.

3° Obligation des sous-officiers en non-activité.

Le sous-officier de carrière placé dans la position de non-activité reste soumis à toutes les obligations résultant de son état, à l'exception de celles qui sont inhérentes à la situation de présence sous les drapeaux. Il peut revêtir la tenue civile pendant toute la durée de son séjour dans cette position.

Pour tout ce qui concerne le choix et le changement de la résidence, l'administration et la surveillance dans cette résidence, l'inspection périodique, etc., les sous-officiers de carrière en non-activité sont soumis à toutes les prescriptions réglementaires et instructions concernant les officiers de l'armée active en position de non-activité (*Bulletin officiel*, édition méthodique, volume 22).

Art. 8. — A. — *Réforme pour infirmités incurables ou prolongées.*

La réforme pour infirmités incurables peut être prononcée par le ministre statuant sur la proposition d'une commission de réforme que le sous-officier ait été, ou non, placé antérieurement en non-activité. Pour que la réforme puisse être prononcée, il faut que les infirmités ne puissent ouvrir à l'intéressé droit à pension dans les conditions de la loi du 11 avril 1831 (infirmités résultant du service correspondant à une invalidité de 60 % au moins).

La réforme à la suite de trois années de non-activité est prononcée par le ministre statuant sur la proposition d'une commission de réforme sans qu'il soit nécessaire que l'infirmité constatée soit incurable.

La demande de mise en réforme est établie.

Par le chef de corps pour les sous-officiers ne se trouvant pas dans la position de non-activité pour infirmités temporaires ;

Par le commandant de la subdivision de région pour ceux en non activité pour infirmités temporaires ; soit à la suite d'une inspection semestrielle ; soit à l'expiration de la période de trois années passées en non-activité.

La demande, à laquelle est joint un état signalétique et des services du sous-officier proposé pour la réforme est transmise au général commandant la région qui ordonne l'envoi de l'intéressé devant une commission de réforme.

Le dossier, complété par le procès-verbal est ensuite transmis au ministre (direction d'arme) qui statue.

B. — *Réforme par mesure de discipline.*

La demande de mise en réforme par mesure de discipline est établie par le chef de corps, soit que celui-ci le juge nécessaire, soit sur l'ordre des chefs hiérarchiques.

La demande, accompagnée d'un rapport détaillé exposant les fautes du sous-officier de carrière, d'un relevé des punitions et de l'état signalétique et des services, après avoir été communiquée à l'intéressé, est transmise au général commandant la région qui ordonne l'envoi devant un conseil d'enquête.

Le dossier complété par l'avis du conseil d'enquête est ensuite transmis au ministre (direction d'arme) qui statue.

Le sous-officier réformé par mesure de discipline, s'il appartient à une classe non encore dégagée d'obligations militaires, est classé, avec son grade, dans les réserves.

Art. 9. — Jusqu'à ce qu'un règlement d'administration publique soit venu modifier les errements en vigueur, les conseils d'enquête prévus à l'article 8 de la loi auront la composition et se conformeront aux règles précisées par le décret du 8 novembre 1903 sur les conseils d'enquête des sous-officiers rengagés et commissionnés.

Cependant, le conseil d'enquête, ne devant pas comprendre de membres d'ancienneté inférieure au sous-officier soumis à l'enquête, le sous-officier faisant partie du conseil devra toujours être un sous-officier de carrière.

En outre les questions posées le seront sous la forme suivante : « le..... est-il dans le cas d'être placé dans la position de réforme..... »

Art 10. — Le sous-officier comptant quinze années de service peut, à tout moment, demander son admission à la retraite avec pension proportionnelle ; le ministre reste en droit d'ajourner cette admission dans les conditions indiquées pour la démission.

Les sous-officiers de carrière, admis à la retraite avec pension proportionnelle depuis le 30 mars 1928, ne peuvent être réadmis à servir en position d'activité. Cette interdiction ne s'applique pas aux sous-officiers retraités, avec pension proportionnelle avant le 30 mars 1928.

Le sous-officier comptant 25 années de services peut demander son admission à la retraite avec pension d'ancienneté ; l'admission ne peut être ajournée qu'en cas de guerre.

Le sous-officier occupant un emploi du service général est admis d'office à la retraite lorsqu'il atteint l'âge limite indiqué au troisième alinéa de l'article 10. Cependant les services qui, à ce moment, seraient classés pour un emploi réservé peuvent être maintenus sous les drapeaux, en surnombre, dans les conditions de l'article 21.

Le sous-officier qui, ayant plus de 15 années de services, n'a pas encore atteint l'âge limite normale de son grade ne peut être mis d'office à la retraite que par le ministre et sur avis conforme d'un conseil d'enquête. La question posée dans ce cas est la suivante : « Le.,.. est-il dans le cas d'être mis à la retraite avec pension proportionnelle..... »

Les emplois du tableau A annexé à la présente instruction peuvent être tenus :

1°) Par des sous-officiers n'ayant pas encore atteint les limites d'âge normales de leur grade ; des sous-officiers peuvent être remplacés dans un poste du service général à tout moment et par simple décision du chef de corps ;

2° Par des sous-officiers ayant dépassé les limites d'âge normales de leur grade, mais ne comptant pas encore 25 ans de service ; le maintien de ces sous-officiers au moment où ils ont été atteints par les limites d'âge normales leur crée un droit à demeurer au service jusqu'à 25 ans ; si leur emploi vient à être supprimé, ils doivent être affectés à un autre emploi du tableau A, au besoin dans un autre corps ;

3° Par des sous-officiers comptant plus de 25 ans de service ; ces sous-officiers peuvent être admis, en tout temps. à la retraite avec pension d'ancienneté, sur la proposition de leurs chefs hiérarchiques. La mise à la retraite est prononcée par le ministre de la Guerre auquel est adressé un dossier comprenant la demande du chef de corps, l'état des services, le relevé des punitions et le cahier de notes du sous-officier ; le dossier devra avoir été communiqué à l'intéressé qui est tenu d'émarger la demande.

En vue de respecter les droits acquis des sous-officiers que les nouvelles limites d'âge exposeraient à être rendus à la vie civile avant d'avoir droit à une pension proportionnelle, il sera pris à leur égard les dispositions suivantes :

Les sous-officiers dont l'origine des services est antérieure au 11 novembre 1918, auront quel que soit leur grade et quelles qu'aient été leurs interruptions de service, le droit de servir jusqu'à ce qu'ils aient accompli quinze années de services effectifs ; si à ce moment ils ont dépassé les limites d'âge du troisième alinéa de l'article 10 de la loi, ils seront placés d'office dans la position de retraite à moins qu'ils ne soient titulaires d'un emploi du tableau A.

ART. 11. — Les délégations accordées aux généraux commandant les régions sont fixées, pour chaque arme ou service, par le décret du 9 mai 1928 (*J. O.* du 15 mai 1928).

Art. 12. — La solde d'activité se cumule, le cas échéant, avec la prime que l'article 75 de la loi sur le recrutement attribue :

a) Jusqu'au terme de sa cinquième année de service, à tout militaire servant au delà de la durée légale ;

b) Jusqu'au terme de sa dixième année de service, au militaire appartenant aux troupes coloniales et à certains corps métropolitains désignés par le ministre.

Les instructions concernant les modalités d'application de ce principe seront communiquées sous le timbre de la 5ᵉ Direction.

Art. 13. — Les sous-officiers réformés pour infirmités imputables au service devront opter pour l'une des trois solutions qui leur sont offertes par cet article dans un délai de quinze jours commençant à courir du jour où leur est notifiée la date de mise en réforme.

Faute d'option dans ce délai. le sous-officier verra liquider d'office sa pension de réforme dans les conditions de la loi du 31 mars 1919.

Art. 14. — Les sous-officiers de carrière qui, comptant moins des quinze années de service ouvrant droit à pension proportionnelle, quittent l'armée par démission acceptée par le ministre de la Guerre, ont droit à un pécule s'ils remplissent les conditions auxquelles est soumise aux termes de l'article 80 de la loi de recrutement, l'allocation d'un pécule.

Les instructions concernant les modalités d'application de ce principe seront communiquées sous le timbre de la 5ᵉ Direction.

Les sous-officiers visés au 2ᵉ alinéa de l'article 13 de la loi, devront exercer leur option dans les quinze jours qui suivront la notification de la décision les plaçant dans la position de réforme ; faute d'option dans ce délai ils ne pourront obtenir l'allocation du pécule et recevront d'office la solde de réforme.

Art. 15. — Dès la réception de la présente instruction :

1° Les sergents-majors existants prendront le titre de sergent-chef ; leur rang dans ce grade sera déterminé par l'ancienneté qu'ils posséderont dans l'emploi de sergent-major.

2° Les caporaux-fourriers existants seront nommés caporaux-chefs ; ils prendront rang dans ce grade avec l'ancienneté qu'ils possédaient dans l'emploi de caporal-fourrier. Jusqu'à ce que paraissent les instructions fixant les insignes de grade des caporaux-chefs, ceux-ci, porteront les insignes du grade de caporal.

3° Il ne sera plus fait mention d' « emplois » mais de « grades » de sous-officiers, cette prescription s'applique également aux sous-officiers liés par contrat.

Art. 16. — Les nominations à l'ancienneté sont affranchies de toutes autres conditions que celles fixées par l'article 18 de la loi.

En particulier les sergents-chefs (et jusqu'au 1er janvier 1931, les sergents) pourront être nommés adjudants à l'ancienneté sans posséder le brevet de chef de section.

Mais celui-ci reste exigible des candidats à l'avancement au choix, au grade d'adjudant dans tous les cas où ce titre était jusqu'ici nécessaire.

Art. 17. — Le décret du 4 juin 1928 (*J. O.* du 7 juin 1928) fixe, pour chaque arme ou service, les grades pour lesquels l'avancement aura lieu par corps, ceux pour lesquels il aura lieu, par région, ceux enfin pour lesquels l'avancement aura lieu sur l'ensemble de l'arme ou du service.

Les listes d'ancienneté seront établies et tenues à jour pour chaque grade :

1° Par le chef de corps lorsque l'avancement de ce grade au suivant a lieu par corps ;

2° Par le général commandant la région lorsque l'avancement au grade supérieur a lieu par région ;

3° Par les Directions d'arme ou de service lorsque l'avancement a lieu pour l'ensemble de l'arme ou du service.

Il est établi, dans les mêmes conditions et par les mêmes autorités, un tableau d'avancement annuel ; ce tableau est porté dès son établissement, par la voie de l'ordre à la connaissance des intéressés. Aucune condition d'ancienneté n'est imposée pour l'inscription au tableau.

L'autorité qui a établi le tableau peut demander la radiation pour inconduite ou incapacité, d'un sous-officier. Si le tableau a été établi par corps, la décision est réservée au général commandant la région. Si le tableau a été établi par région, la décision appartient au ministre. Celui-ci peut, sur demande des chefs hiérarchiques, rayer un sous-officier inscrit au tableau d'ensemble de l'arme ou du service.

La nomination au choix n'étant pas un droit, la radiation du tableau ne sera pas considérée comme une punition il n'en sera fait aucune mention dans les pièces individuelles du sous-officier visé. Par contre, celui-ci ne peut réclamer la communication du dossier établi à l'occasion de sa radiation du tableau.

ART. 18. — Les deux années de grade exigées pour passer d'un grade à l'autre doivent s'entendre des services accomplis en position d'activité. Comptent donc pour la détermination de l'ancienneté les périodes passées en situation d'absence (hôpitaux, convalescence, congés et permissions, etc.) mais non les périodes passées en non-activité ou, antérieurement à l'admission dans le corps des S.O.C., en réforme temporaire.

Les deux années sont comptées depuis la nomination au grade (anciennement emploi); pour les sous-officiers ayant été rétrogradés ou cassés ou ayant remis volontairement leurs galons, seul compte pour l'ancienneté le temps passé dans le grade depuis la dernière nomination.

Les premières vacances existant ou venant à s'ouvrir dans un grade après la mise en application de la présente instruction seront attribuées aux tours du choix : en conséquence, pour le grade de sergent-chef les tours nos 1 et 2 seront réservés au choix, le tour no 3 étant accordé à l'ancienneté de grade ; pour les grades d'adjudant, les tours nos 1, 2 et 3 seront réservés au choix, le tour no 4 revenant à l'ancienneté.

Le décret visé au premier alinéa de l'article 17 fixe les dates d'entrée en vigueur des dispositions qui précèdent.

ART. 19. — Toutes indications concernant l'application de la loi aux militaires de la gendarmerie seront données sous le timbre de la Direction de l'arme.

Art. 20. — Les sous-officiers de carrière peuvent demander à concourir pour l'obtention d'un emploi réservé, dès qu'ils peuvent être classés sur la première liste publiée après qu'ils ont accompli dix années de service. Cette possibilité cesse pour eux lorsqu'il ne leur est plus possible d'obtenir le certificat professionnel avant d'avoir accompli leur quarantième année d'âge. Cependant, *jusqu'au 5 mars 1929*, les sous-officiers pourront concourir, sans limite d'âge supérieure, pour les emplois d'agent et sous-agent militaires (loi du 5 mars 1927).

Les sous-officiers de carrière classés pour un emploi réservé devront obligatoirement établir aussitôt que le classement leur aura été notifié, une demande tendant à :

1° Offrir leur démission, s'ils quittent le service avant d'avoir accompli quinze années de service ;

2° Etre admis dans la position de retraite avec pension proportionnelle, s'ils quittent le service après avoir acquis des droits à pension.

Dans les deux cas, la démission sera acceptée ou l'admission à la retraite prononcée, à la date où doit être effectuée la radiation des cadres pour permettre à l'intéressé d'occuper son emploi nouveau.

L'attention des sous-officiers se trouvant dans leur quinzième année de service doit être attirée sur le fait que, si la nomination à un emploi réservé survient avant la fin de la quinzième année, elle expose le sous-officier, s'il accepte l'emploi, à perdre tout droit à pension proportionnelle, s'il refuse l'emploi, à perdre tout droit à concourir pour un emploi réservé.

Il est rappelé qu'aux termes de l'article 80 de la loi de recrutement, l'attribution du pécule ne peut être accordée à un militaire qui obtient un emploi réservé ; l'article 14 de la loi sur le statut a étendu cette condition aux sous-officiers de carrière ; le sous-officier qui sollicite un emploi réservé renonce donc à réclamer le pécule ; celui-ci lui est cependant acquis si, classé ou non classé, il renonce à l'emploi qu'il avait demandé avant d'être nommé à cet emploi.

Art. 21. — A partir du moment où paraît au *Journal Officiel* la liste de classement sur laquelle figure son nom, le sous-officier de carrière est considéré comme servant en surnombre et son inscription sur la liste ouvre une vacance de son grade dans son corps de troupe. S'il figurait au tableau d'avancement pour le grade supérieur, il en est immédiatement rayé ; par contre son ancienneté continue à courir, tant pour ce qui concerne la solde progressive et les droits au commandement que pour l'avancement à l'ancienneté.

Si le sous-officier se trouvant dans cette situation reste trois années classé sans être nommé, il doit, au terme de cette troisième année, être rendu à la vie civile, en vertu soit de la lettre de démission, soit de la demande d'admission à la retraite qu'il a établie conformément aux prescriptions de l'article 20 de la présente instruction. Si à ce moment, le sous-officier compte moins de quinze années de service, il a, aux termes de l'article 80 de la loi sur le recrutement, un délai de six mois pour opter entre le pécule avec renonciation au classement et le maintien de son classement sans pécule. Le délai de six mois expiré, le pécule ne peut plus être réclamé.

Si le sous-officier classé et maintenu à son corps atteint l'âge de quarante ans avant l'expiration du délai de 3 ans, il doit être rayé des cadres le jour où il comjte quarante ans ; si, à ce moment, il ne compte pas encore 15 années de service en raison d'interruptions, il doit être rayé comme démissionnaire, avec ou sans pécule selon qu'il compte ou non une période de services ininterrompus supérieure à 5 ans ; si, au contraire, il compte plus de 15 ans de services il est admis à la retraite avec pension proportionnelle.

Le sous-officier classé pour un emploi réservé peut au cours du délai de trois années qui lui a été accordé renoncer à son classement ; s'il n'a pas à ce moment dépassé la limite d'âge de son grade, il cesse de compter en surnombre dès qu'une vacance de son grade s'ouvre dans son corps et sa garnison.

Le sous-officier qui a renoncé à son classement ne peut plus, par la suite faire acte de candidature pour un emploi réservé.

En vue de respecter les droits acquis, les sous-officiers classés pour un emploi réservé et figurant sur la 46e liste (*J. O.* du 17 avril 1928) auront la faculté d'attendre sous les drapeaux leur nomination à cet emploi pendant un délai de trois années partant de la date de la première liste sur

laquelle figurait leur nom, même si cette faculté les expose
à être maintenus au delà de quarante ans.

Les sous-officiers classés pour la première fois sur la
47e liste (*J. O.* du 25 juillet 1928) bénéficieront d'un maintien
au corps de deux ans sans qu'il soit tenu compte de la
limite de 40 ans. En outre les sous-officiers âgés de plus de
39 ans qui, tant que la limite d'âge de 40 ans sera suppri-
mée pour l'emploi d'agent militaire, seront classés pour cet
emploi, auront la faculté d'être maintenus au corps pendant
un délai d'une année après la date du classement. Ceux
âgés de moins de 39 ans au moment du classement ne pourront être maintenus au corps au delà de la limite de 40 ans.

Art. 22. — Les dispositions concernant les sous-officiers
employés militaires font l'objet d'instructions spéciales,
communiquées sous le timbre des Directions intéressées.

Les maîtres-tailleurs, cordonniers, bottiers, bourreliers,
selliers, peuvent être promus sous-officiers et servent alors
au titre de l'article 68 de la loi de recrutement ; les dispositions du statut des sous-officiers de carrière ne leur sont
pas applicables.

Les dispositions du statut sont applicables aux armuriers,
aux maréchaux ferrants et d'une façon générale aux sous-
officiers spécialisés auxquels la loi relative à la constitution
des grades et effectifs permet l'accession aux divers grades
de la hiérarchie des sous-officiers.

Art. 23. — Les instructions concernant les sous-officiers
de carrière des troupes coloniales seront communiquées sous
le timbre de la 8e Direction.

Art. 24. — Dès la réception de la présente instruction, les
sous-officiers servant en qualité de commissionnés (à l'exception des maîtres-tailleurs, cordonniers, bottiers, bourreliers, selliers, seront admis d'office et sans délibération du
Conseil de régiment, dans le corps des sous-officiers de carrière. L'admission sera mise à l'ordre du régiment et un
extrait certifié sera remis aux intéressés avec le libellé suivant : « En vertu des prescriptions de l'article 24 de la loi
sur le statut des sous-officiers de carrière, le sergent X... est
admis dans le corps des sous-officiers de carrière à la date

du... et jouira, à partir de cette date, du statut faisant l'objet de la loi susvisée. »

Seront aussitôt considérées comme annulées les commissions antérieurement délivrées, soit au titre du service général, soit au titre d'un emploi déterminé. Tous les sous-officiers dont la commission aura été ainsi annulée, auront le droit de demeurer au service jusqu'à vingt-cinq années de service, nonobstant les limites d'âge du troisième alinéa de l'article 10 et avec les réserves faisant l'objet du quatrième alinéa du même article. Cependant ceux qui atteindraient les limites d'âge du cinquième alinéa du dit article avant de compter 25 ans de services devront être admis à la retraite avec pension proportionnelle.

Les sous-officiers titulaires d'une commission non renouvelable de 3 ans (loi du 18 juillet 1924) recevront application des dispositions de l'article 21 de la présente instruction ; le délai de 3 ans partira pour eux du début de la commission non renouvelable qui leur avait été délivrée.

Tous les sous-officiers qui occupaient avant la date de la présente circulaire un emploi des tableaux 1 et 2 cesseront d'avoir droit à cet emploi et pourront, sous la réserve du maintien jusqu'à 25 ans de service, être employés dans le service général ; ceux d'entre eux âgés d'au moins 40 ans au 1er mai 1928 pourront, s'ils conservent l'aptitude physique nécessaire, être exceptionnellement maintenus jusqu'à 50 ans d'âge. Ceux d'entre eux âgés d'au moins 50 ans au 1er mai 1928 et occupant un emploi du tableau II. pourront, sous la même réserve, être exceptionnellement maintenus jusqu'à 60 ans d'âge. Quant aux sous-officiers qui occuperont un emploi du tableau A, après la date de la présente instruction, il leur sera fait application des dispositions de l'article 10 de cette même instruction.

Les sous-officiers rengagés se trouvant dans les conditions de l'article premier ont un délai de trois mois pour opter entre la situation définie par le statut ou la continuation de celle qui leur était faite par la loi de recrutement du 1er avril 1923 et celle du 31 mars 1928.

Ceux d'entre eux qui n'auront pas demandé ou n'auraient pas obtenu, dans ce délai, leur admission, conserveront le droit de la demander quand ils se trouveront dans les conditions définies à l'article 2 de l'instruction.

Ceux qui, au cours de ce délai de trois mois, arriveraient au terme du contrat d'engagement ou de rengagement qui les liait au service pourront, même s'ils comptent alors plus de cinq années de service et nonobstant les indications de l'article 67 de la nouvelle loi de recrutement, contracter un rengagement non renouvelable de six mois.

Passé ce délai de trois mois, aucun sous-officier ne pourra contracter de rengagement pour servir au delà de 3 années que dans le cas prévu à l'article 2 (sous-officier libéré à 5 ans ou plus de 5 ans de services).

Il sera fait application, aux sous-officiers de carrière provenant des rengagés, des prescriptions de l'article 10 concernant les limites d'âge.

ART. 25. — Jusqu'au 1er janvier 1931, il pourra être dérogé aux prescriptions de l'article 18 aussi bien pour les promotions à l'ancienneté que pour les promotions au choix en ce qui concerne les conditions à remplir pour être promu.

En particulier, les sergents anciens de service pourront être promus adjudants :

1°) Au choix : le tableau d'avancement pour le grade d'adjudant pourra porter indifféremment des sergents et des sergents-chefs ;

2°) A l'ancienneté : pour comparer les services des sergents et des sergents-chefs, on comptera, pour les premiers, le temps écoulé depuis la nomination au grade de sergent, pour les seconds, ce même temps majoré du nombre d'années de grade de sergent-chef.

Quant aux sergents nommés sergent-chefs à partir de l'application de la loi sur le statut, ils pourront être promus adjudants d'après les règles qui précèdent et sans être tenus à un temps minimum d'exercice du grade de sergent-chef.

A partir du 1er janvier 1931, nul ne pourra être promu à un grade de sous-officier s'il ne remplit pas les conditions de l'article 18.

Pour le Ministre de la Guerre et par son ordre :

Le Général, Chef d'Etat-Major Général de l'Armée,

DEBENEY.

TABLEAU A

donnant les emplois dans lesquels les sous-officiers de carrière peuvent, suivant le grade, être maintenus en service jusqu'à 55 ou 60 ans.

---

a) **Dans toutes les armes (Infanterie, Cavalerie, Artillerie, Génie, Aéronautique, Train) :**

Sous-officiers des centres de mobilisation.

Sous-officiers maîtres d'escrime et moniteurs d'instruction physique.

Sous-officiers porte-fanions du chef de l'Etat et des maréchaux de France.

b) Dans l'infanterie :

Sous-officiers des chars de combat faisant fonctions **de** gardien de batterie.

Sous-officiers du corps autonome des sous-officiers secrétaires d'état-major et du recrutement.

c) Dans le service des Remontes de l'Afrique du Nord et du Levant.

Sous-officiers comptables, sous-officiers garde-étalons et chefs de station de monte.

d) Dans l'artillerie et le train :

Adjudant-chefs et adjudants maîtres-ouvriers d'Etat.

Adjudants-chefs et adjudants du service de l'artillerie.

e) Dans le génie :

Adjudants-chefs et adjudants maîtres-ouvriers d'Etat du génie.

Adjudants-chefs et adjudants du service du génie.

f) Dans l'aéronautique :

Adjudants-chefs et adjudants chargés de l'armement.

Adjudants-chefs et ouvriers d'Etat de l'aéronautique.

g) Service de l'intendance :

Sous-officiers des sections de commis et ouvriers militaires d'administration.

Adjudants-chefs et adjudants d'administration du service de l'intendance.

h) Service de santé :

Sous-officiers des sections d'infirmiers militaires.
Sous-officiers concierges des hôpitaux militaires.

i) Service géographique :

Sous-officiers titulaires d'un emploi sédentaire et sous-officiers chefs de brigade.

j) Justice militaire :

Sous-officiers du service de la justice militaire.

NOTA. — Le tableau ci-dessus n'est pas applicable aux troupes coloniales. Les dispositions concernant les emplois correspondants de ces troupes seront notifiés sous le timbre de la 8ᵉ Direction.

INSTRUCTION DU 10 MAI 1928
POUR L'APPLICATION DANS LES TROUPES COLONIA-
LES DE LA LOI DU 30 MARS 1928 RELATIVE AU
STATUT DES SOUS-OFFICIERS DE CARRIERE DE
L'ARMEE.

Nº 1793 1/8

ARTICLE PREMIER. — L'instruction nº 3692 1/11, du 24 avril 1928 (*Journal Officiel* du 26 avril 1928, page 4757) en commentant les divers articles de la loi du 30 mars 1928, relative au statut des sous-officiers de carrière de l'armée, a déterminé les conditions générales d'application de ladite loi.

Les commentaires et les dispositions que contient l'instruction susvisée sont valables pour les troupes coloniales et les mesures d'exécution qu'elle prévoit doivent être appliquées immédiatement dans ces troupes, sous les réserves indiquées ci-après :

ART. 2. — L'admission d'un sous-officier dans le corps des sous-officiers de carrière des troupes coloniales est toujours prononcée par le Ministre.

Outre les pièces énumérées à l'article 2 de l'instruction nº 3692 1/11 susvisée, les dossiers de demande d'admission dans le corps des sous-officiers de carrière des troupes coloniales doivent comprendre une copie des notes des intéressés.

Par ailleurs, étant donné que les sous-officiers de carrière des troupes coloniales servent au titre du service général de ces troupes, les conseils de régiment n'ont pas, lors de l'examen des demandes d'admission qui leur sont soumises, à se préoccuper de la situation de l'encadrement particulier du corps au titre duquel ils opèrent ; leur avis doit être basé uniquement sur l'aptitude du candidat. Les nivellements qui seraient jugés éventuellement nécessaires (sous-officiers en activité de service) ou les refus d'admission en raison de la situation des cadres (sous-officiers libérés) seront prononcés par le Ministre.

En ce qui concerne les rengagements spéciaux d'une année, imposés aux sous-officiers libérés qui postulent leur admission dans le corps des sous-officiers de carrière au titre d'un corps de leur arme autre que le corps d'origine, ces rengagements ne peuvent être reçus que dans les limites fixées trimestriellement par avis insérés au *Journal Officiel*. Ils sont ouverts dans les troupes coloniales aussi bien aux anciens sous-officiers des troupes coloniales qu'aux anciens sous-officiers des troupes métropolitaines

Les listes nominatives trimestrielles des sous-officiers admis dans le corps des sous-officiers de carrière des troupes coloniales seront établies et publiées au *Journal Officiel* de la République française par les soins de l'administration centrale sans que les commandants de région (1) aient à intervenir.

ART. 3. — Les offres de démission et les demandes d'admission à la retraite proportionnelle formulées par les sous-officiers de carrière en cours de campagne qui n'ont pas accompli la période réglementaire de séjour dans la colonie où ils servent devront être accompagnées d'un rapport spécial et motivé du commandant supérieur des troupes comme il est prévu pour les officiers (article 249 de l'instruction sur le service courant, édition méthodique, vol. 74).

ART. 4. — Les dispositions de l'article 4 de la loi du 30 mars 1928 ne s'appliquent aux sous-officiers de carrière des troupes coloniales qu'en tant qu'elles ne sont pas contraires aux dispositions de l'article 23 de la même loi qui les soumet notamment à l'obligation du service colonial.

Les sous-officiers de carrière des troupes coloniales peuvent, sur leur demande, obtenir leur passage dans un autre corps de leur arme ou dans un corps des troupes coloniales d'une autre arme.

Ces changements volontaires de corps ou d'arme à l'intérieur des troupes coloniales peuvent avoir lieu soit par permutation, soit pour convenances personnelles sans permu-

---

(1) Dans la lecture de l'instruction n° 3692 1/11 et de la présente instruction, par « commandants de région » il faut entendre également les commandants supérieurs des troupes à l'extérieur de la métropole.

tation. Ils sont soumis à l'agrément du Ministre, qui décide sur le vu des autorités hiérarchiques.

En cas de changement d'arme, il peut être imposé au sous-officier une perte d'ancienneté le plaçant à la suite des sous-officiers de carrière de sa nouvelle arme.

Les sous-officiers de carrière des troupes coloniales peuvent, en outre, à l'intérieur des troupes coloniales, être changés d'office de corps ou d'arme dans les conditions prévues au paragraphe « article 4 » de l'instruction n° 3692 1/11 susvisée.

Le passage des sous-officiers de carrière des troupes métropolitaines dans les troupes coloniales, ainsi que le passage des sous-officiers de carrière des troupes coloniales dans les troupes métropolitaines font l'objet d'instructions particulières.

ART. 7. — En ce qui concerne les sous-officiers de carrière des troupes coloniales en service à l'extérieur susceptibles d'être proposés pour la non-activité, on emploiera à leur égard les règles en vigueur pour les officiers se trouvant dans la même situation.

ART. 8, paragraphe B, et ART. 9. — Jusqu'à nouvel avis, la procédure à suivre concernant l'envoi des sous-officiers de carrière des troupes coloniales devant un conseil d'enquête sera celle instituée par le décret du 8 novembre 1903, complété par l'instruction du 26 janvier 1904 (sous-officiers en service aux colonies), et par l'instruction n° 1447 1/8 du 31 mai 1924 (sous-officiers en service en France et en Algérie-Tunisie).

ART. 10. — En raison des fatigues inhérentes au service colonial qu'ont à assurer tous les sous-officiers de carrière des troupes coloniales, il n'est prévu dans ces troupes aucun emploi donnant à son titulaire la possibilité de rester au service en qualité de sous-officier de carrière jusqu'à 55 ou jusqu'à 60 ans.

ART. 23. — Jusqu'à nouvel avis, les dispositions du décret du 23 octobre 1919 et de l'instruction du 16 mai 1923 sur le tour de service colonial des militaires des troupes coloniales seront appliquées aux sous-officiers de carrière des troupes coloniales.

Pour l'établissement des listes de tour de service colonial, il ne sera fait aucune distinction entre les sous-officiers servant en qualité de rengagés et ceux servant en qualité de sous-officiers de carrière.

Une instruction ultérieure fixera les conditions dans lesquelles les sous-officiers de carrière des troupes coloniales pourront être admis dans les troupes métropolitaines après dix ans de services effectifs dont cinq ans aux colonies ou par permutation.

Art. 24. — Dès qu'ils auront procédé aux formalités prévues au premier alinéa de l'article 24 de l'instruction n° 3692 1/11 du 24 avril 1928, les chefs de corps adresseront à l'administration centrale (8ᵉ Direction, Bureau de l'Arme), un état nominatif des militaires commissionnés comptant à l'effectif du corps, admis d'office dans le corps des sous-officiers de carrière et joindront à cet état un état signalétique et des services de chacun des militaires figurant sur l'état nominatif dont il s'agit.

En outre, les chefs de corps stationnés aux colonies signaleront sur un état annexé, le nom, le grade, le numéro matricule et la date de rapatriement de tous les militaires commissionnés ayant quitté le corps au cours des trois mois précédant la date d'établissement de l'état visé à l'alinéa ci-dessus.

Ces états, ainsi que les états signalétiques à joindre au premier, sont destinés à l'établissement de l'annuaire des sous-officiers de carrière des troupes coloniales ; ils doivent être établis avec le plus grand soin.

Tout chef d'un corps stationné en France, en Algérie-Tunisie, aux colonies ou sur un théâtre d'opérations extérieur qui recevra l'avis d'affectation à son corps d'un militaire commissionné ayant fait mutation avant l'application des dispositions du premier alinéa de l'article 24 de l'instruction n° 3692 1/11 devra immédiatement prononcer l'admission de l'intéressé dans le corps des sous-officiers de carrière dans les formes prescrites et en avisera l'administration centrale (8ᵉ Direction, Bureau de l'Arme), en joignant à cet avis un état signalétique et des services du militaire en cause.

Pour l'application des dispositions qui précèdent, devront être considérés comme commissionnés les sous-officiers qui servent actuellement sous l'empire d'un rengagement, mais qui ont déjà souscrit une commission faisant suite à ce rengagement. Leur admission dans le corps des sous-officiers de carrière aura lieu dès réception de la présente instruction sans attendre que leur commission ait commencé à courir.

Paul PAINLEVÉ.

FEUILLE DE RENSEIGNEMENTS DU 18 JUIN 1928
CONCERNANT LE RENGAGEMENT DES SOUS-OFFI-
CIERS, OU LE PASSAGE DANS LE CORPS DES SOUS-
OFFICIERS DE CARRIERE DES TROUPES COLO-
NIALES.

N° 2210 1/8

La loi du 31 mars 1928 relative au recrutement de l'armée a modifié les conditions dans lesquelles les sous-officiers peuvent être admis à contracter un rengagement.

La loi du 30 mars 1928, en créant le corps des sous-officiers de carrière, a fixé les règles suivant lesquelles les sous-officiers peuvent être admis dans ledit corps.

La présente feuille de renseignements a pour objet d'indiquer, dans certains cas particuliers, la solution à prendre a l'égard des sous-officiers des troupes métropolitaines ou des troupes coloniales qui demandent à servir ou à continuer à servir dans les troupes coloniales.

SITUATION DU SOUS-OFFICIER EN CAUSE	SOLUTION A PRENDRE
A. — *Sous-officier en activité de service*	
1° Sous-officier des troupes coloniales ne réunissant pas les conditions requises pour l'admission dans le corps des sous-officiers de carrière et ne pouvant se rendre disponible pour le service colonial sans se lier au service pour une durée totale de services supérieure à cinq ans.	Demande de rengagement jusqu'à une durée totale de cinq ans de service et demande conditionnelle d'admission ultérieure dans le corps des sous-officiers de carrière dès que l'intéressé réunira les conditions requises pour l'admission.
2° Sous-officier des troupes métropolitaines ne réunissant pas les conditions requises pour l'admission dans le corps des sous-officiers de carrière et ne	Même solution que pour le cas 1° ci-dessus (1).

pouvant, sans dépasser une durée totale de cinq ans de services, passer dans les troupes coloniales par voie de rengagement.

SITUATION DU SOUS-OFFICIER EN CAUSE

3° Sous-officier des troupes métropolitaines réunissant les conditions requises pour l'admission dans le corps des sous-officiers de carrière.

Demande d'admission dans le corps des sous-officiers de carrière des troupes coloniales (1).

B. — *Sous-officiers libérés*

1° Sous-officier des troupes coloniales et sous-officier des troupes métropolitaines ne réunissant pas les conditions requises pour l'admission dans le corps des sous-officiers de carrière et ayant moins de cinq ans d'interruption totale de service :

a) Si le sous-officier a moins de cinq ans de service ;

b) Si le sous-officier a au moins cinq ans de service.

Même solution que pour le cas A 1° ci-dessus (1).

Demande de rengagement de trois ans au moins comme soldat, caporal (brigadier) ou caporal-chef (brigadier-chef).

2° Sous-officier des troupes coloniales, réunissant les conditions requises pour l'admission dans le corps des sous-officiers de carrière, libéré depuis moins de trois ans et ayant moins de cinq ans d'interruption totale de service.

Demande d'admission dans le corps des sous-officiers de carrière des troupes coloniales (1).

3° Sous-officier des troupes métropolitaines, réunissant les

Demande de rengagement non renouvelable d'un an (1) au ter-

---

(1) En principe, les demandes de rengagement ou d'admission dans le corps des sous-officiers de carrière ne peuvent être établies :

Par les sous-officiers provenant de l'infanterie, qu'au titre de l'infanterie coloniale ;

Par les sous-officiers provenant de l'artillerie, qu'au titre de l'artillerie coloniale ;

Par les sous-officiers provenant de la cavalerie, du génie ou de l'aéronautique, qu'au titre de l'infanterie ou de l'artillerie coloniales;

Par les sous-officiers provenant des sections de secrétaires d'état-major, de commis et ouvriers d'administration ou d'infirmiers, qu'au titre des sections coloniales correspondantes, et sous réserve qu'il n'y ait pas contradiction avec les règles spéciales prévues pour le recrutement de ces unités.

conditions requises pour l'admission dans le corps des sous-officiers de carrière, libéré depuis moins de trois ans et ayant moins de cinq ans d'interruption totale de service.

me duquel l'intéressé peut demander son admission dans le corps des sous-officiers de carrière des troupes coloniales.

SITUATION DU SOUS-OFFICIER EN CAUSE

SOLUTION A PRENDRE

4° Sous-officier des troupes coloniales et sous-officier des troupes métropolitaines, réunissant les conditions requises pour l'admission dans le corps des sous-officiers de carrière, libéré depuis plus de trois ans et ayant moins de cinq ans d'interruption totale de service.

Demande de rengagement de trois ans au moins comme soldat, caporal (brigadier) ou caporal-chef (brigadier-chef).

CIRCULAIRE DU 20 JUIN 1928
RELATIVE A L'APPLICATION DE LA LOI
SUR LE STATUT DES SOUS-OFFICIERS DE CARRIERE

Nᵒ 2299 1/8

La feuille de renseignements n° 1 du 8 juin 1928 relative à l'application de la loi sur le statut des sous-officiers de carrière (*Journal Officiel* du 10 juin 1928), dont toutes les dispositions sont applicables aux troupes coloniales, a prévu des mesures transitoires pour permettre à certains sous-officiers de carrière, atteints par les limites d'âge, de continuer à servir jusqu'à ce qu'ils aient accompli quinze années de services effectifs.

La question a été posée de savoir si des mesures transitoires analogues ne pourraient pas être prises en faveur des sous-officiers anciens de services qui ne seraient pas admis dans le corps des sous-officiers de carrière.

La question doit être résolue par la négative ; les sous-officiers en cause ne pourront rester dans l'armée, à l'issue du contrat en cours, que par voie de rengagement ou de commission comme caporaux-chefs (brigadiers-chefs) caporaux (brigadiers) ou soldats. Ils pourront, le cas échéant, après nouvelle promotion au grade de sergent, être admis dans le corps des sous-officiers de carrière s'ils en sont jugés dignes.

INSTRUCTION DU 28 JUIN 1928
SUR L'AVANCEMENT DES SOUS-OFFICIERS DE CAR-
RIERE DANS LES TROUPES COLONIALES.

N° 2328 1/8

La présente instruction concerne uniquement l'avancement des sous-officiers de carrière, les règles relatives à
l'avancement des autres militaires des troupes coloniales
font l'objet d'instructions spéciales.

Par qui et comment les promotions sont faites.

ARTICLE PREMIER. — Les promotions des sous-officiers de
carrière aux grades de sergent-chef, de maréchal des logis
chef, d'adjudant et d'adjudant-chef dans les troupes coloniales sont faites par le Ministre, dans les conditions déterminées par les articles 16, 21 et 22 de la loi du 30 mars 1928
relative au statut des sous-officiers de carrière de l'armée.

Les nominations au choix sont prononcées en faveur des
militaires figurant au tableau d'avancement établi sur l'ensemble de l'arme ou du service, conformément aux dispositions du décret du 4 juin 1928 et sur lequel les candidats
sont inscrits par ordre d'ancienneté.

La date à laquelle les intéressés prennent rang est indiquée par le Ministre.

AVIS A DONNER DES VACANCES SURVENUES DANS LES DIFFÉRENTS
GRADES

ART. 2. — Lorsqu'une vacance dans un des grades énu-
mérés à l'article premier vient à se produire dans un corps,
et quelle que soit la cause de la vacance, en dehors des
vacances provenant de promotions effectuées par le Ministre, le chef de corps en informe aussitôt le Ministre (8ᵉ Direction, Bureau de l'Arme) au moyen d'un bulletin de vacance
conforme au modèle I ci-annexé.

ÉTABLISSEMENT DU TABLEAU ANNUEL

Art. 3. — Il est établi annuellement pour les sous-officiers de carrière de chaque arme et de chaque service des troupes coloniales et sur l'ensemble de chacune de ces armes ou de ces services un tableau d'avancement aux grades de sergent-chef (maréchal des logis chef), adjudant et adjudant-chef.

Ce tableau est dressé à l'aide des propositions fournies par les corps de troupe, par une commission de classement composée comme suit :

Président : le Ministre ou son délégué.

Membres : un officier général ou supérieur (infanterie coloniale, artillerie coloniale, intendance coloniale, service de santé colonial), un officier supérieur de la direction des troupes coloniales.

Le nombre des candidats à porter chaque année sur le tableau est indiqué par le Ministre avant la réunion de la commission de classement d'après le chiffre présumé des nominations à effectuer au choix dans chaque grade au cours de l'année.

Après examen des propositions de la commission de classement, le tableau est arrêté par le Ministre et publié au *Journal Officiel.*

Art 4. *Renouvellement annuel du tableau.* — Le tableau n'est valable que pour une année, il est annulé de plein droit au moment où le tableau suivant est arrêté, sauf en ce qui concerne les candidats qui, figurant à l'ancien tableau, n'ont pas été promus au cours de l'année.

Ces candidats sont inscrits sur les nouveaux tableaux, en principe dans l'ordre des millésimes d'inscriptions, à moins qu'ils n'aient démérité. Les modalités selon lesquelles sont formulées les propositions concernant ces candidats sont indiquées à l'article 10 ci-après.

Art. 5. *Radiation du tableau d'avancement.* — Les sous-officiers de carrière inscrits au tableau d'avancement peuvent en être rayés ou leur nomination ajournée, pour inconduite ou incapacité, par décision du Ministre rendue sur le rapport des chefs hiérarchiques.

La radiation du tableau a pour effet d'annuler toute inscription antérieure.

Les fautes commises par les sous-officiers de carrière en service aux colonies inscrits au tableau d'avancement, dont la gravité paraîtrait au commandant supérieur des troupes de nature à entraîner la radiation de l'intéressé ou l'ajournement de sa nomination, motivent l'envoi d'un câblogramme adressé au Ministre de la guerre et libellé comme suit : « Demande ajournement nomination (nom, grade, corps) ». Le rapport motivé suit dans le plus bref délai.

En outre, les commandants supérieurs des troupes signalent par câblogramme au Ministre de la guerre (8e Direction ; Bureau de l'Arme) les sous-officiers de carrière en service aux colonies qui, figurant au tableau d'avancement, viennent à être classés pour un emploi réservé et ne sont plus en conséquence susceptibles de recevoir d'avancement au choix (article 21 de la loi du 30 mars 1928).

Pour ceux des sous-officiers de carrière de cette catégorie qui sont en service en France ou en Algérie-Tunisie, leur classement à un emploi réservé fait l'objet d'un compte rendu adressé directement par le chef de corps à l'Administration centrale (8e Direction ; Bureau de l'Arme) par la voie postale ordinaire.

ART. 6. *Epoque des propositions d'avancement.* — Le 1er octobre de chaque année, les propositions d'avancement sont formulées par les corps de troupe sur des états distincts pour chaque grade conformes au modèle 2 ci-annexé et auxquels sont joints les feuillets de note et de renseignements modèle 3 concernant les sous-officiers de carrière proposés pour l'avancement.

DÉCOMPTE DES SERVICES, DES CAMPAGNES ET DE L'ANCIENNETÉ

DE GRADE

ART. 7. — Les services, les campagnes et l'ancienneté de grade des sous-officiers de carrière proposés pour l'avancement sont arrêtés au 31 décembre de l'année en cours au moment de l'établissement de la proposition.

Le temps passé en non-activité par un sous-officier de carrière ne compte pas comme service effectif pour l'avancement (article 7 de la loi du 30 mars 1928).

L'ancienneté d'un sous-officier de carrière dans le grade dont il est titulaire doit être comptée du jour de sa première nomination dans ce grade, même s'il l'a acquis en qualité de rengagé ou de commissionné, dans les troupes coloniales ou dans les troupes métropolitaines ou dans l'armée de mer et en déduisant, s'il y a lieu :

1° Le temps pendant lequel les services actifs ont été interrompus ;

2° Le temps passé dans le grade en position de non-activité ;

3° La perte d'ancienneté dans le grade qui a pu être consentie par l'intéressé en cas de changement de corps ou d'arme pour convenances personnelles ;

4° Le temps passé depuis la première nomination comme soldat, comme caporal, caporal-chef ou dans un grade de sous-officier inférieur.

Il est rappelé en outre, pour la fixation de l'origine des calculs d'ancienneté de grade, que l'ancienneté d'un militaire dans son grade est comptée seulement du jour de sa nouvelle nomination pour ceux qui ont perdu leur grade par suite de cassation ou de rétrogradation par mesure de discipline.

ÉTABLISSEMENT DES ÉTATS DE PROPOSITION

Art. 8. — A la date du 1er octobre de chaque année, les commandants d'unité (compagnie, batterie, etc.) inscrivent, par ordre d'ancienneté, sur les états du modèle 2 ci-annexé, tous les sous-officiers de carrière qui, remplissant les conditions annuellement fixées par une instruction du Ministre, comptent à l'effectif de l'unité ou l'ont quittée après le 15 juin pour aller servir aux colonies ou aux théâtres d'opérations extérieurs ou pour être rapatriés.

Les commandants d'unité s'attachent à éviter toute erreur dans les inscriptions portées sur ces états ainsi que sur les feuillets modèle 3 qui y sont joints. Ils sont responsables de l'exactitude des renseignements fournis par eux.

Les candidats envoyés aux colonies et sur les théâtres

d'opérations extérieurs après le 15 juin ou qui en ont été rapatriés après cette date sont notés et proposés par les chefs sous les ordres desquels ils étaient placés avant leur embarquement. A cet effet, les chefs de corps donnent les instructions utiles pour que les renseignements nécessaires à l'établissement de l'état modèle 2 et du feuillet modèle 3 soient conservés au corps en attendant l'établissement du travail d'avancement.

L'état de proposition modèle 2 est divisé en deux parties ; la première intitulée « liste de proposition », comprend tous les sous-officiers de carrière appelés à figurer sur l'état modèle 2, à l'exception de ceux déjà inscrits à un tableau d'avancement antérieur. Ces derniers figurent sur la deuxième partie de l'état modèle 2, intitulée « liste complémentaire ».

SOUS-OFFICIERS NON PROPOSABLES

ART. 9. — Ne sont pas proposables et ne doivent pas, en conséquence, figurer sur les états modèle 2 :

1° Les sous-officiers de carrière susceptibles d'être promus à l'ancienneté au cours de l'année qui suit la proposition.

L'instruction annuelle donne tous renseignements à ce sujet.

2° Les sous-officiers de carrière en non-activité.

3° Les sous-officiers de carrière classés pour un emploi réservé et maintenus au corps en attendant leur nomination audit emploi.

4° Les sous-officiers de carrière ne remplissant pas les conditions fixées annuellement par le Ministre.

SOUS-OFFICIERS FIGURANT A UN TABLEAU ANTÉRIEUR

ART. 10. — Les sous-officiers de carrière figurant déjà au tableau d'avancement sont inscrits dans l'ordre des millésimes d'inscription et par ancienneté dans chaque millésime, sur la « liste complémentaire » formant la 2ᵉ partie de l'état de proposition.

Aucune inscription n'est à porter en ce qui les concerne dans les colonnes autres que les trois premières.

Toutefois, ceux qui auraient démérité font l'objet d'un rapport spécial joint à l'état modèle 2 sur lequel ils figurent et qui devra être revêtu de l'avis des diverses autorités hiérarchiques. Mention devra en être faite dans la colonne « Observations » de l'état modèle 2 dans les termes suivants « Rapport spécial en vue de la non-réinscription au tableau ».

FEUILLET DE NOTES MODÈLE 3

Art. 11. — Pour tous les sous-officiers de carrière figurant dans la première partie de l'état modèle 2 intitulée liste de proposition, le commandant d'unité établit un feuillet de notes du modèle 3 ci-annexé qu'il joint à l'état de proposition.

Pour les sous-officiers de carrière figurant sur la liste complémentaire, il n'est établi de feuillet modèle 3 que pour ceux qui, ayant démérité, sont proposés pour la non réinscription au tableau d'avancement. Dans ce cas, le feuillet modèle 3 doit, ainsi que le rapport spécial prévu à l'article 10 ci-dessus, être joint à l'état de proposition.

Les renseignements figurant à la première partie du feuillet modèle 3 sont collationnés par le chef de bataillon et communiqués à l'intéressé qui certifie en avoir pris connaissance et en avoir reconnu l'exactitude.

Le commandant d'unité inscrit ensuite dans la case réservée à cet effet les notes obtenues par l'intéressé depuis le 1er octobre de l'année précédente. Il formule ensuite son appréciation sur le candidat au moyen d'une fraction dont le numérateur est soit un numéro de préférence, si l'intéressé est jugé digne de figurer au tableau d'avancement, soit la lettre A, si le candidat doit être ajourné et dont le dénominateur est égal au nombre des sous-officiers de carrière proposables figurant sur l'état modèle 2 de l'unité.

Il en est de même du chef de bataillon et du lieutenant-colonel qui, s'ils le jugent à propos, formulent en outre leur avis sur la valeur du candidat.

FUSIONNEMENT DES ÉTATS DE PROPOSITION MODÈLE 2

Art. 12. — Le chef de corps à qui sont transmis les états modèle 2 établis par les commandants d'unité fusionne tous ces états en un seul du même modèle comprenant tous les sous-officiers de carrière du corps susceptibles d'être proposés répartis en deux listes, comme il est dit à l'article 8 ci-dessus.

Dans chaque liste, les candidats sont inscrits dans l'ordre d'ancienneté.

Il formule ensuite son appréciation sur chaque candidat figurant sur la première liste, comme il est dit à l'article 11 ci-dessus, c'est-à-dire au moyen d'une fraction qu'il inscrit dans la colonne 12 de l'état modèle 2 et dont le numérateur est soit un numéro de préférence, soit la lettre A et dont le dénominateur est égal au nombre des sous-officiers de carrière proposables.

Cette appréciation est reproduite sur le feuillet modèle 3 des intéressés, dans la case réservée à cet effet.

En ce qui concerne les candidats figurant sur la liste complémentaire, le chef de corps se borne à remplir les trois premières colonnes de l'état modèle 2 et inscrit dans la colonne « observations » dudit état la date de la première inscription de l'intéressé au tableau d'avancement. Pour ceux ayant démérité, il ajoute la mention indiquée à l'article 10 ci-dessus.

L'état modèle 2 fusionné est établi par le chef de corps en deux expéditions, l'une qu'il garde dans ses archives avec les états qui ont servi à l'établir et l'autre qu'il transmet à l'autorité supérieure avec les feuillets modèle 3 qui doivent y être joints en exécution des prescriptions de l'article 11 ci-dessus.

TRANSMISSION DES ÉTATS DE PROPOSITION

Art. 13. — L'autorité qui reçoit du chef de corps les états de proposition les transmet par la voie hiérarchique au Ministre (8e Direction, Bureau de l'Arme), avec les documents qui y sont annexés. Les supérieurs hiérarchiques annotent ces états dans la colonne à ce réservée, toutes les fois qu'ils le jugent utile et notamment lorsqu'un candidat fait l'objet d'appréciations discordantes, ils signalent également, s'il y a lieu, les différences notables qu'ils relèvent dans la manière de noter des chefs de corps ou de service sous leurs ordres.

Toute diligence doit être faite pour que les états de proposition et les pièces annexées parviennent au Ministre le 15 janvier, dernier délai.

ART. 14. — *a*) Dans les sections de commis et ouvriers et d'infirmiers des troupes coloniales les officiers d'administration commandant les portions centrales des sections en France ou les détachements de ces sections aux colonies agissent en qualité de commandants d'unité pour l'établissement des listes de propositions modèle 2 et des feuillets modèle 3. Les directeurs du service de l'intendance ou du service de santé agissent en qualité de chefs de corps. Les feuillets modèle 3 ne reçoivent pas d'inscription dans la case réservée aux notes du chef de bataillon ou du lieutenant-colonel.

Les états de proposition sont distincts pour chacune des catégories dont se composent les sections, commis aux écritures, et ouvriers (section de C.O.A.), infirmiers commis aux écritures et infirmiers de visite (section des infirmiers).

b) Dans les unités de télégraphistes et de secrétaires d'état-major des troupes coloniales, le commandant de la portion centrale en France, les commandants de détachement aux colonies, agissent en qualité de commandant d'unité pour l'établissement des états de proposition modèle 2 et des feuillets modèle 3.

Le chef d'état-major du corps d'armée colonial (secrétaires d'état-major) et le chef d'état-major de la 2e division coloniale sénégalaise (télégraphistes), en France, le chef d'état-major du groupe ou le commandant supérieur des troupes à défaut de chef d'état-major, aux colonies, agissent en qualité de chefs de corps.

Aucune inscription n'est à porter dans la case réservée sur le feuillet modèle 3 aux notes du chef de bataillon et du lieutenant-colonel.

Dans les notes données aux candidats appartenant aux formations visées ci-dessus doivent entrer en ligne de compte les appréciations du chef de service direct des intéressés.

c) Les sous-officiers de carrière détachés dans les services spéciaux concourent pour l'avancement avec les candidats du corps sur les contrôles duquel ils figurent et sont compris dans le travail d'avancement dudit corps. Au point de vue de leurs aptitudes spéciales et de leur manière de servir, ils sont notés et proposés par l'autorité sous les ordres de laquelle est placé le service dans lequel ils sont employés.

Ces notes et ces propositions, pour lesquelles aucun modèle n'est assigné, doivent parvenir au chef de corps le 1er septembre.

Les notes sont reproduites à la 2ᵉ partie du feuillet modèle 3, aucune inscription n'est portée dans les cases réservées aux notes du commandant d'unité, du chef de bataillon et du lieutenant-colonel.

d) Les sous-officiers de carrière employés dans les centres de mobilisation et dans leurs annexes sont proposés par l'officier supérieur commandant le centre principal agissant en qualité de chef de corps ; le rôle du commandant d'unité est joué à leur égard, soit par le capitaine chef de la section du matériel, soit par le commandant du centre annexe ; aucune note n'est à faire figurer sur les feuillets modèle 3 dans la case réservée aux notes du chef de bataillon et au lieutenant-colonel.

Les états de proposition et les pièces y annexées sont adressés au général commandant la subdivision intéressée, lequel les transmet au Ministre par l'intermédiaire du général commandant le corps d'armée colonial.

e) Les propositions aux divers grades de chef de fanfare sont établis selon les modalités prescrites pour les autres sous-officiers de carrière du corps où ils servent.

f) Il en est de même pour les propositions des sous-officiers de carrière armuriers ; toutefois, les notes à donner par le capitaine, le chef de bataillon et le lieutenant-colonel sont remplacées par une note unique donnée par le capitaine inspecteur d'armes.

g) Les sous-officiers de carrière des troupes coloniales détachés dans l'aéronautique militaire aux colonies sont proposés suivant les règles de la présente instruction par le commandant de l'aéronautique agissant en qualité de chef de corps sur des états distincts par arme et par grade.

INSCRIPTIONS AU TABLEAU D'AVANCEMENT
PUBLICITÉ A LEUR DONNER

ART. 15. — Le tableau d'avancement arrêté par le Ministre est publié au *Journal Officiel*.

Dans chaque corps, les inscriptions au tableau sont portées à la connaissance des intéressés par la voie de l'ordre : elles sont, en outre, mentionnées sur les carnets de notes des sous-officiers de carrière qu'elles concernent.

NOTES DES SOUS-OFFICIERS DE CARRIÈRE NON COMPRIS
DANS LES ÉTATS DE PROPOSITION

ART. 16. — Un feuillet de notes, du modèle 4 ci-annexé. est établi par chaque commandant d'unité pour tous les sous-officiers de carrière qui, comptant à l'effectif de l'unité à la date du 1er octobre ou l'ayant quittée après le 15 juin pour aller servir aux colonies ou sur les théâtres d'opérations extérieurs ou pour en être rapatriés, ne figurent pas sur les listes de proposition des états modèle 2 ou dont le feuillet modèle 3 n'est pas mis à l'appui de la liste complémentaire dudit état.

Réunis par le chef de corps, dans un bordereau du modèle 5 ci-annexé, ces feuillets modèle 4 sont adressés au Ministre (8e Direction, Bureau de l'Arme), en même temps que le travail d'avancement et par la même voie.

INSCRIPTION D'OFFICE AU TABLEAU D'AVANCEMENT

ART. 17. — En cas de faits de guerre, de services exceptionnels, de missions spéciales, le Ministre peut inscrire d'office sur le tableau d'avancement les sous-officiers de carrière qui lui sont signalés comme méritant cette récompense.

Aucune condition d'ancienneté dans le grade qu'ils détiennent n'est exigée des sous-officiers de carrière faisant l'objet de propositions exceptionnelles pour faits de guerre (article 18 de la loi du 30 mars 1928) ; dans les autres cas, ces propositions ne peuvent porter que sur des sous-officiers de carrière comptant deux années de service dans le grade dont ils sont détenteurs.

Les propositions exceptionnelles peuvent être présentées à toute époque de l'année, elles sont établies dans les formes prévues pour les propositions normales ; celles qui se rapportent à des faits de guerre doivent être accompagnées du rapport spécial et, éventuellement, du certificat médical prescrit par l'article 75 de l'instruction du 2 mai 1914 (édition méthodique, volume 22 *bis*, page 47).

Paul PAINLEVÉ.

INSTRUCTION DU 11 JUILLET 1928

RELATIVE AU PASSAGE DES SOUS-OFFICIERS DE CARRIERE DES TROUPES METROPOLITAINES DANS LES TROUPES COLONIALES ET DES SOUS-OFFICIERS DE CARRIERE DES TROUPES COLONIALES DANS LES TROUPES METROPOLITAINES (APPLICATION DES ARTICLES 4 ET 23 DE LA LOI DU 30 MARS 1928, RELATIVE AU STATUT DES SOUS-OFFICIERS DE CARRIÈRE).

N° 2591 1/8

ARTICLE PREMIER. — *Passage des sous-officiers de carrière des troupes métropolitaines dans les troupes coloniales.* — En temps de paix, le passage des sous-officiers de carrière des troupes métropolitaines dans les troupes coloniales ne peut être prononcé que sur la demande des intéressés. Il s'effectue soit par changement de corps ou d'arme pour convenances personnelles, soit par permutation.

Les dispositions du présent article ne concernent que le passage des troupes métropolitaines dans les troupes coloniales par voie de changement de corps ou d'arme pour convenances personnelles.

Les permutations font l'objet de l'article 3 ci-après :

Le passage aux troupes coloniales peut être demandé à toute époque de l'année et à un moment quelconque du service des intéressés. Toutefois il ne peut être présenté de demande pour passer directement des troupes métropolitaines stationnées en France, Algérie, Tunisie, dans un corps colonial stationné aux colonies ; de même il ne peut être présenté de demande pour passer directement des troupes métropolitaines stationnées aux colonies dans un corps colonial stationné en France, Algérie, Tunisie.

Le dossier comprenant :

La demande de l'intéressé ;

L'état signalétique et des services ;

Le relevé des punitions ;

La copie du feuillet ou du carnet de notes ;

Un certificat médical constatant l'aptitude à servir aux colonies,
est transmis par la voie hiérarchique à la Direction d'arme de l'intéressé, celle-ci l'envoie, avec son avis, à la Direction des troupes coloniales pour décision.

Le sous-officier de carrière dont la demande est agréée est admis dans les troupes coloniales, en principe, avec son ancienneté de grade. Le sous-officier de carrière des troupes métropolitaines en service aux colonies admis dans les troupes coloniales termine dans ces troupes le séjour normal prévu par la réglementation sur le service colonial.

ART. 2. — *Passage des sous-officiers de carrière des troupes coloniales dans les troupes métropolitaines.* — Les sous-officiers de carrière des troupes coloniales peuvent passer dans les troupes métropolitaines :

1° Par permutation ;

2° Par voie de changement de corps ou d'arme pour convenances personnelles ;

3° D'office pour raison de santé ou d'inaptitude physique.

Les permutations font l'objet de l'article 3 ci-après :

a) *Changement de corps ou d'arme pour convenances personnelles.* — Les sous-officiers de carrière des troupes coloniales ayant dix ans de service effectif dont cinq ans aux colonies, peuvent à toute époque de l'année demander à passer dans un corps des troupes métropolitaines de la même arme ou d'une arme différente. Ceux d'entre eux qui sont en service outre-mer (Algérie, Tunisie excepté) ne peuvent solliciter leur passage aux troupes métropolitaines que pour un corps de ces troupes stationné dans le territoire où ils sont eux-mêmes en service.

Les demandes de passage aux troupes métropolitaines revêtues de l'avis des chefs hiérarchiques et accompagnées de l'état signalétique et des services, du relevé des punitions. de la copie du feuillet ou du carnet de notes, sont transmises par la voie hiérarchique à la Direction des troupes coloniales, celle-ci l'envoie avec son avis, à la Direction d'arme intéressée, pour décision.

Le sous-officier de carrière dont la demande est agréée passe dans les troupes métropolitaines en principe avec son ancienneté de grade.

b) *Changement de corps ou d'arme pour raison de santé ou d'inaptitude physique.* — Le sous-officier de carrière des troupes coloniales reconnu par une commission de réforme comme inapte au service colonial est signalé à l'Administration centrale (8e Direction) par son chef de corps qui transmet, par la voie hiérarchique, les propositions de la commission de réforme, accompagnées de l'état signalétique et des services, du relevé des punitions et de la copie du feuillet ou du carnet de notes de l'intéressé.

La Direction des troupes coloniales envoie le dossier, avec son avis, à la direction intéressée qui prononce la mutation.

La décision prise ne peut avoir pour conséquence de faire perdre à l'intéressé son ancienneté de grade.

ART. 3. *Permutations.* — Les permutations entre sous-officiers de carrière des troupes coloniales et des troupes métropolitaines sont prononcées dans les conditions et suivant les règles fixées par l'instruction du 16 juillet 1901 (édition méthodique, troupes coloniales, volume I, page 245).

Toutefois, il sera fait application aux sous-officiers de carrière des règles prévues pour les officiers ; le sous-officier le moins ancien de grade conserve son ancienneté ; le sous-officier le plus ancien de grade prend dans son nouveau corps l'ancienneté de son permutant.

ART. 4. *Dispositions diverses.* — Les dispositions de l'instruction ci-dessus ne s'appliquent aux passages dans les sections annexes des troupes coloniales ou réciproquement, dans les formations similaires des troupes métropolitaines, qu'autant qu'elles ne sont pas en contradiction avec les règlements et instructions concernant le recrutement de ces unités.

Sauf le cas de changement de corps ou d'arme pour raison de santé ou d'inaptitude physique, le passage des troupes métropolitaines dans les troupes coloniales ou inversement n'ouvre droit ni aux frais de déplacement, ni, le cas échéant, à l'indemnité pour changement d'uniforme.